T0105993

Best of Piano Classics

50 Famous Pieces for Piano
50 weltbekannte Stücke für Klavier
50 pièces célèbres pour piano

Edited by / Herausgegeben von / Edité par
Hans-Günter Heumann

ED 9060
ISMN 979-0-001-19112-8

www.schott-music.com

Mainz · London · Madrid · Paris · New York · Tokyo · Beijing
© 2012/2017 Schott Music GmbH & Co. KG, Mainz · Printed in Germany

Inhalt / Contents / Contenu

Praeludium

C-Dur / C major / Ut majeur

BWV 924

Johann Sebastian Bach
(1685 – 1750)

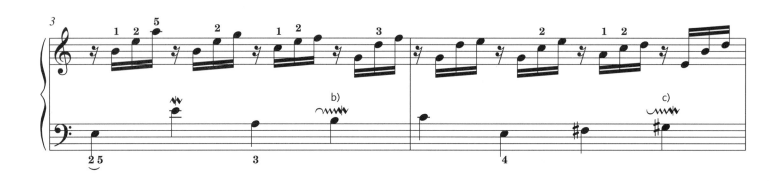

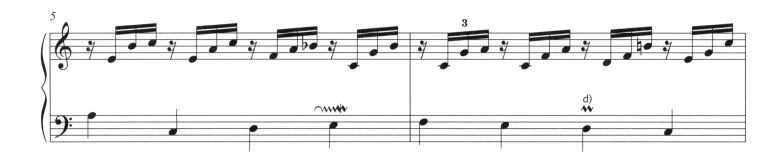

aus / from / de: J. S. Bach, 12 kleine Präludien / 12 little Preludes / 12 petits préludes, Schott ED 0849

a)

b)

c)

d)

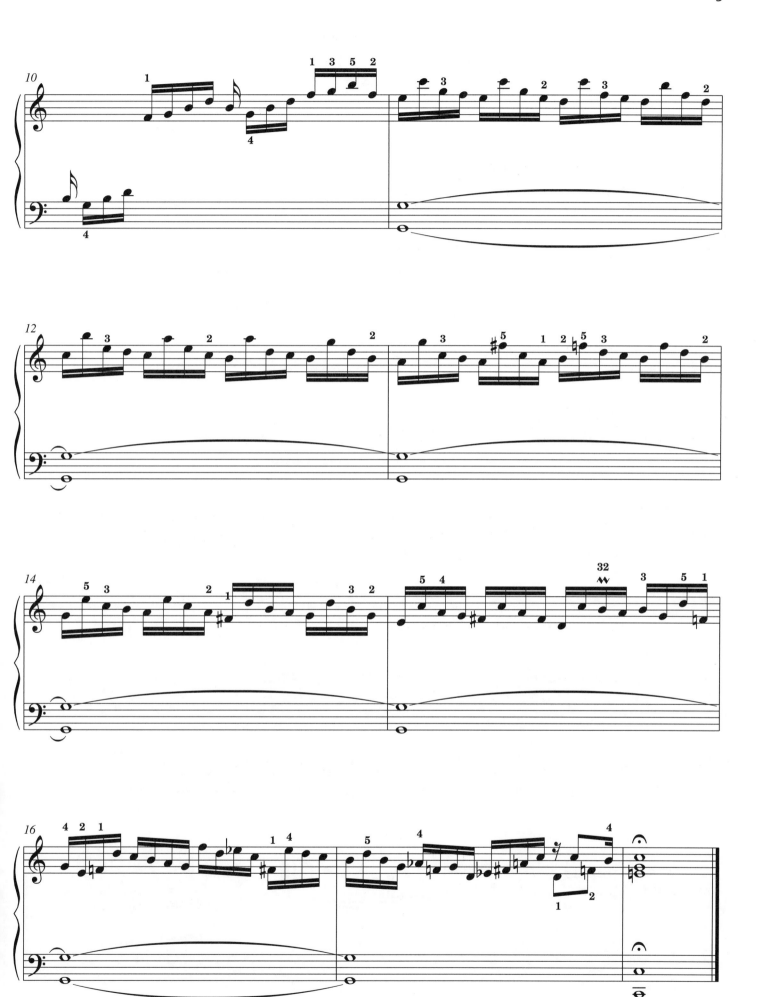

Praeludium
F-Dur / F major / Fa majeur
BWV 927

Johann Sebastian Bach
(1685 – 1750)

aus / from / de: J. S. Bach, 12 kleine Präludien / 12 little Preludes / 12 petits préludes, Schott ED 0849

Praeludium
C-Dur / C major / Ut majeur
BWV 939

Johann Sebastian Bach
(1685 – 1750)

aus / from: J. S. Bach, 12 kleine Präludien / 12 little Preludes / 12 petits préludes, Schott ED 0849

Praeludium

c-Moll / C minor / Ut mineur

BWV 999

Johann Sebastian Bach
(1685 – 1750)

aus / from / de: J. S. Bach, 12 kleine Präludien / 12 little Preludes / 12 petits préludes, Schott ED 0849

Praeludium No. 1

C-Dur / C major / Ut majeur

BWV 846

Johann Sebastian Bach
(1685 – 1750)

aus / from / de: Wohltemperiertes Klavier 1 / The Well-Tempered Piano 1 / Clavier bien tempéré 1, Schott UT 50050

Invention No. 1
C-Dur / C major / Ut majeur
BWV 772

Johann Sebastian Bach
(1685 – 1750)

aus / from / de: J. S. Bach, 15 zweistimmige Inventionen / 15 Two Part Inventions / 15 Inventions à deux voix, Schott ED 01092

Invention No. 4
d-Moll / D minor / Ré mineur
BWV 775

Johann Sebastian Bach
(1685 – 1750)

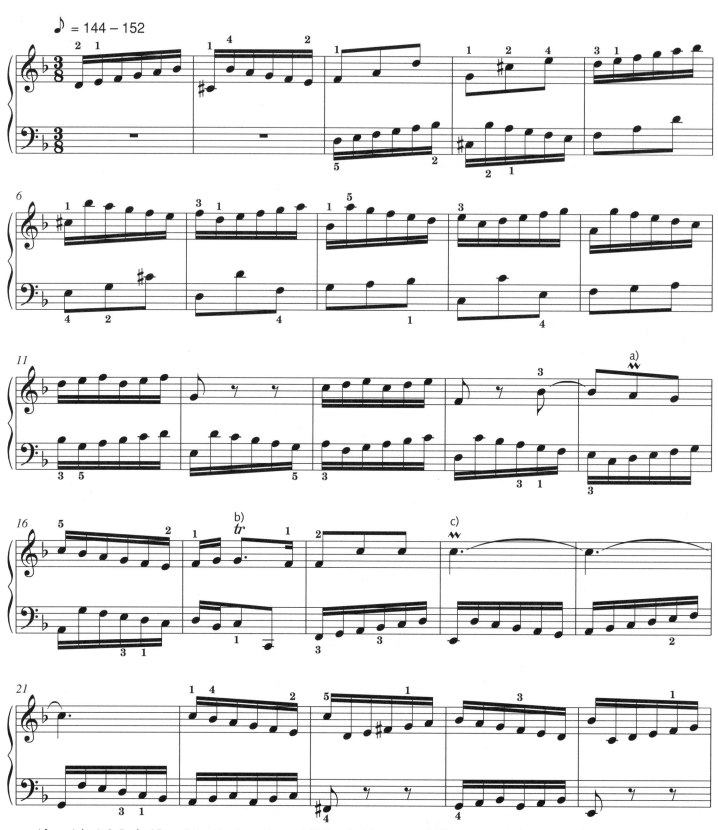

aus / from / de: J. S. Bach, 15 zweistimmige Inventionen / 15 Two Part Inventions / 15 Inventions à deux voix, Schott ED 01092

Invention No. 8

F-Dur / F major / Fa majeur

BWV 779

Johann Sebastian Bach
(1685 – 1750)

Vorschlag für die Artikulation: ♪♩ = staccato

Suggestion for articulation: ♫♫ = legato

Proposition d'articulation:

Invention No. 13
a-Moll / A minor / La mineur
BWV 784

Johann Sebastin Bach
(1685 – 1750)

Vorschlag für die Artikulation: 　 = portato
Suggestion for articulation:
Proposition d'articulation: 　 = legato

Sarabande

d-Moll / D minor / Ré mineur

Georg Friedrich Händel
(1685 – 1759)

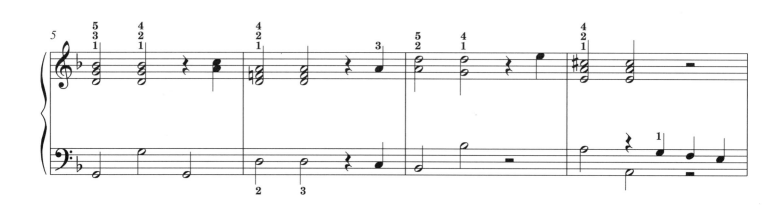

aus / from / de: G. F. Händel, Suite d-Moll / D minor, HWV 437, Schott ED 09845

Variation 1

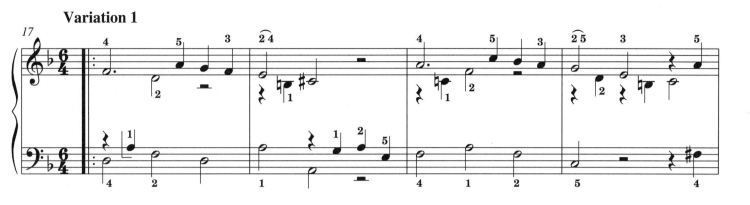

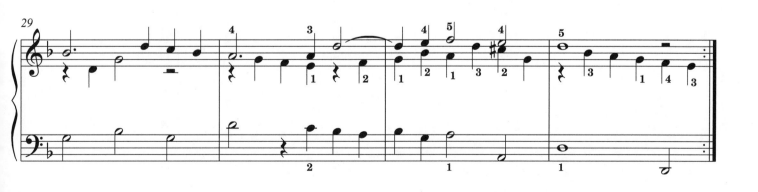

Variation 2

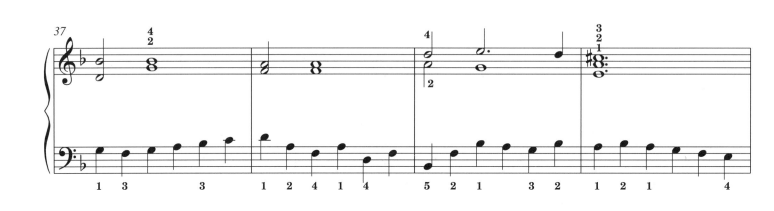

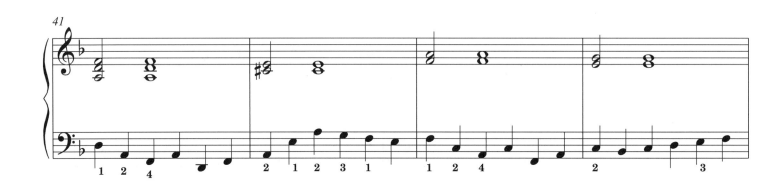

Aus wendetechnischen Gründen bleibt diese Seite frei.
This page is left blank to save an unnecessary page turn.
On laisse une page blanche pour faciliter la tourne.

Sonate G-Dur

Sonata G major / Sonate Sol majeur

Hob. XVI:8

Joseph Haydn
(1732 – 1809)

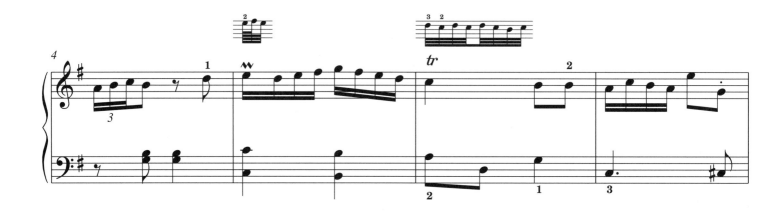

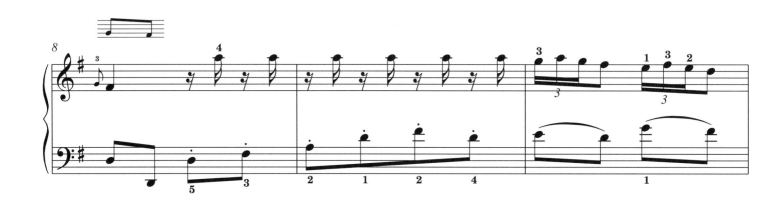

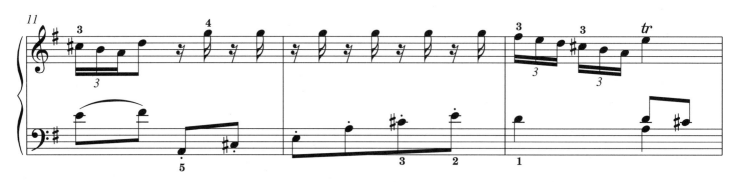

aus / from / de: J. Haydn, 10 leichte Sonaten / 10 easy Sonatas / 10 Sonates faciles, Schott ED 9026

Menuett ♩ = 112

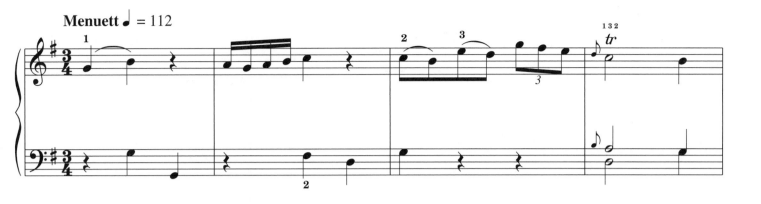

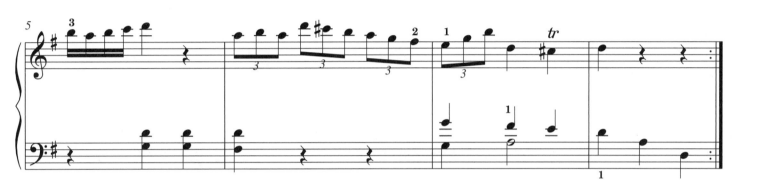

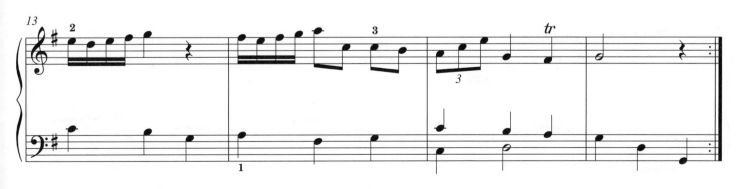

Andante ♪ = 88

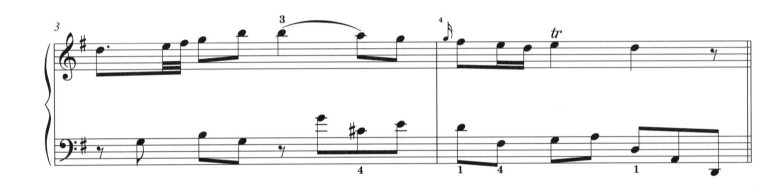

Sonatine C-Dur

Sonatina C major / Sonatine Ut majeur

op. 36/1

Muzio Clementi
(1752 – 1832)

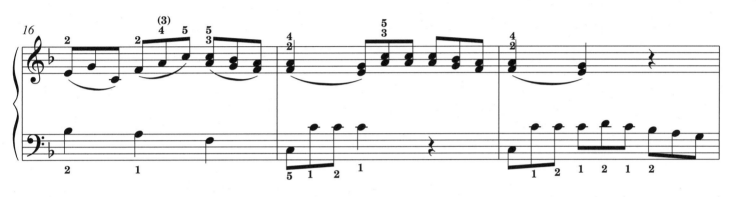

Menuett
G-Dur / G major / Sol majeur
KV 1e + f (Trio)

Wolfgang Amadeus Mozart
(1756 – 1791)

Menuett da Capo al Fine

aus / from / de: Der junge Mozart / The young Mozart / Le jeune Mozart, Schott ED 9008

Menuett
F-Dur / F major / Fa majeur
KV 2

Wolfgang Amadeus Mozart
(1756 – 1791)

aus / from / de: Der junge Mozart / The young Mozart / Le jeune Mozart, Schott ED 9008

Allegro

B-Dur / B♭ major / Si♭ majeur

KV 3

Wolfgang Amadeus Mozart
(1756 – 1791)

aus / from / de: Der junge Mozart / The young Mozart / Le jeune Mozart, Schott ED 9008

Rondeau
D-Dur / D major / Ré majeur
KV 15d

Wolfgang Amadeus Mozart
(1756 – 1791)

Alla Turca

Klaviersonate A-Dur KV 331, 3. Satz
Piano Sonata A major KV 331, 3rd movement
Sonate pour piano La majeur KV 331, 3e mouvement

Wolfgang Amadeus Mozart
(1756 – 1791)

Sonate C-Dur

Sonata C major / Sonate Ut majeur

KV 545

Wolfgang Amadeus Mozart
(1756 – 1791)

Andante

Rondo
Allegretto

Sonatine G-Dur
Sonatina G major / Sonatine Sol majeur

Ludwig van Beethoven
(1770 – 1827)

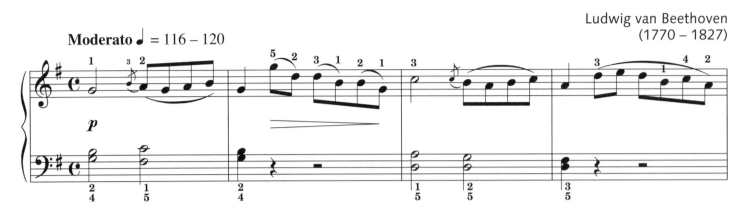

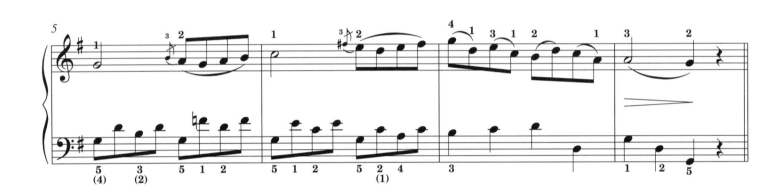

aus / from / de: L. van Beethoven, 2 Sonatinen / 2 Sonatinas / 2 Sonatines, Schott ED 0281

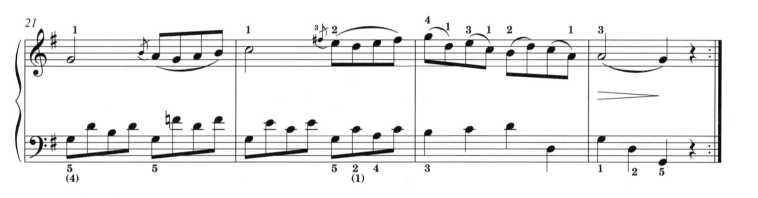

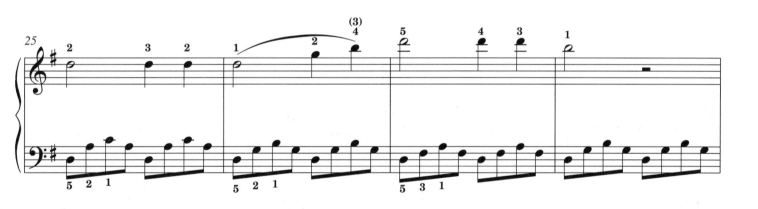

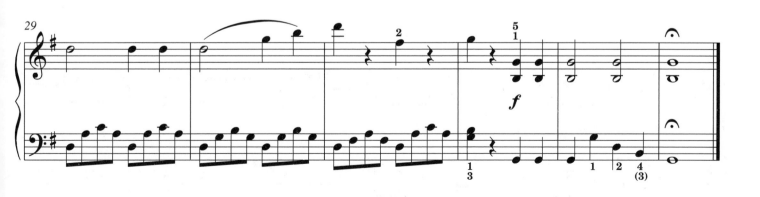

56

Romanze ♩. = 72 – 76

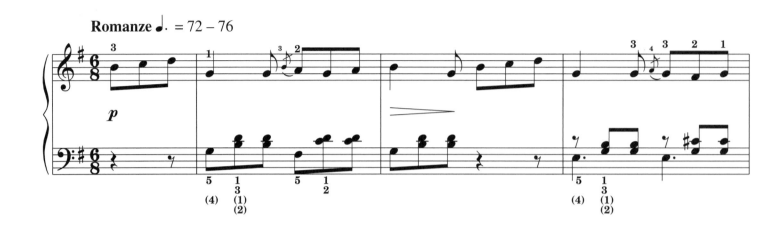

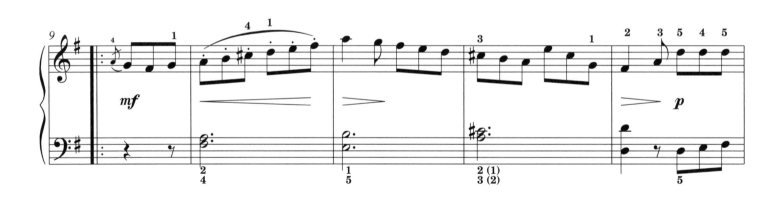

Sonatine F-Dur

Sonatina F major / Sonatine Fa majeur

Ludwig van Beethoven
(1770 – 1827)

aus / from / de: L. van Beethoven, 2 Sonatinen / 2 Sonatinas / 2 Sonatines, Schott ED 0281

Rondo

Für Elise

WoO 59

Ludwig van Beethoven
(1770 – 1827)

Bagatelle

g-Moll / G minor / Sol mineur

op. 119/1

Ludwig van Beethoven
(1770 – 1827)

Mondscheinsonate

Moonlight Sonata / Clair de lune

Klaviersonate cis-Moll op. 27/2, 1. Satz
Piano Sonata C♯ minor Op. 27/2, 1st movement
Sonate pour piano Ut♯ mineur Op. 27/2, 1e mouvement

Ludwig van Beethoven
(1770 – 1827)

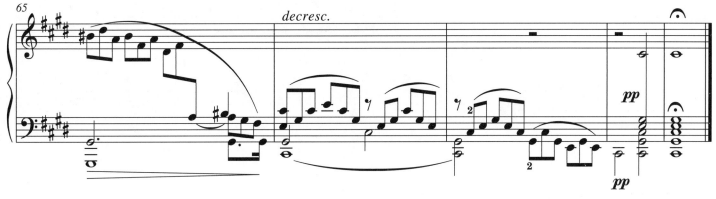

Walzer h-Moll

Waltz B minor / Valse Si mineur

op. 18/6

Franz Schubert
(1797 – 1828)

Impromptu

As-Dur / A♭ major / La♭ majeur

D 935/2

Franz Schubert
(1797 – 1828)

Arabesque

op. 100/2

Friedrich Burgmüller
(1806 – 1874)

aus / from / de: F. Burgmüller, 25 leichte Etüden / 25 Easy Studies, op. 100, Schott ED 173

Ballade

Ballad / Ballade

op. 100/15

Friedrich Burgmüller
(1806 – 1874)

aus / from / de: F. Burgmüller, 25 leichte Etüden / 25 Easy Studies, op. 100, Schott ED 173

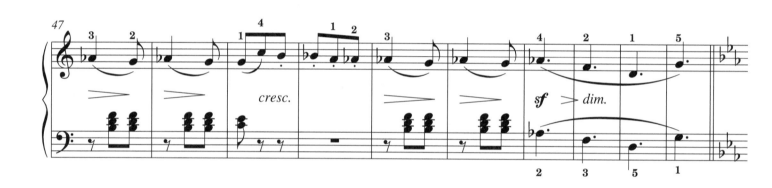

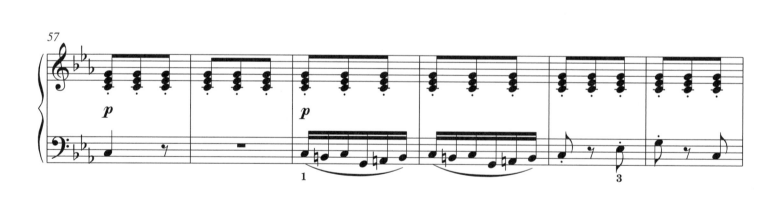

Unruhe

Restlessness / Inquiétude

op. 100/18

Friedrich Burgmüller
(1806 – 1874)

Allegro agitato ♩ = 100 – 108

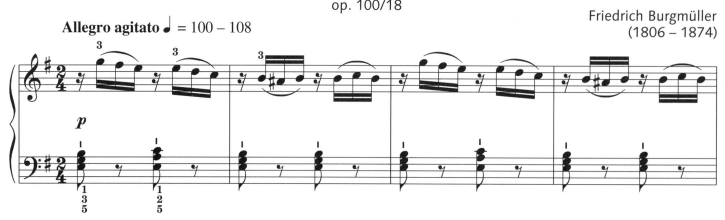

aus / from / de: F. Burgmüller, 25 leichte Etüden / 25 Easy Studies, op. 100, Schott ED 173

Venetianisches Gondellied
Venetian Boat Song / Barcarolle
op. 19/6

Felix Mendelssohn
(1809 – 1847)

aus / from / de: Lieder ohne Worte / Songs without Words / Chansons sans paroles

Lied ohne Worte

Song without Words / Chant sans paroles

op. 30/3

Felix Mendelssohn
(1809 – 1847)

Von fremden Ländern und Menschen

From foreign Lands and People / Gens et pays étrangers

op. 15/1

Robert Schumann
(1810 – 1856)

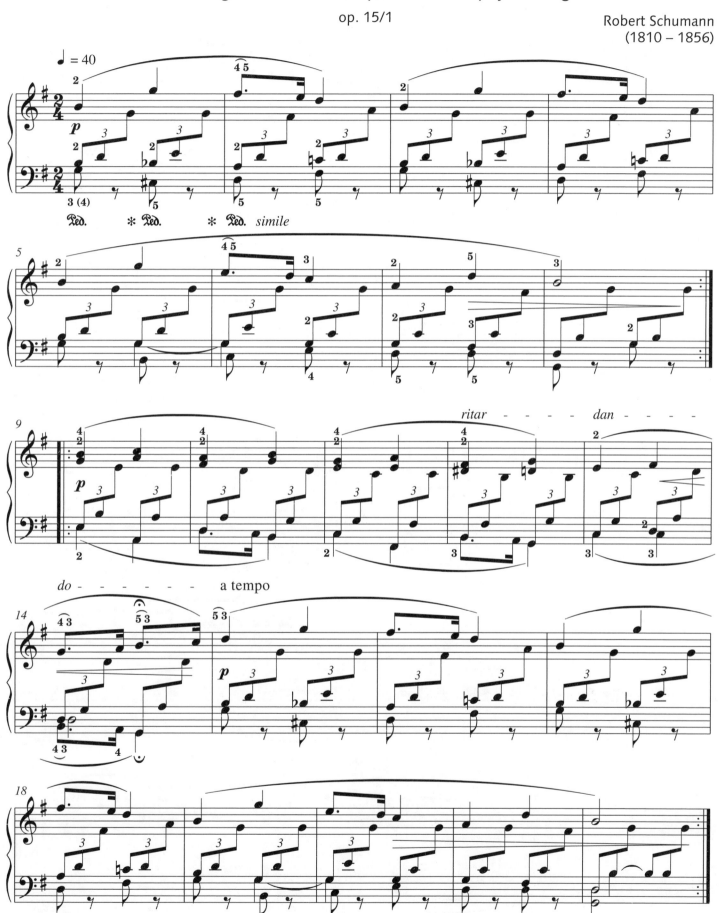

aus / from / de: R. Schumann, Kinderszenen / Scenes from Childhood / Scènes d'enfants, Schott ED 0755

Träumerei
Reveries / Rêverie
op. 15/7

Robert Schumann
(1810 – 1856)

aus / from / de: R. Schumann, Kinderszenen / Scenes from Childhood / Scènes d'enfants, Schott ED 0755

Wilder Reiter

Wild Horseman / Le petit cavalier téméraire

op. 68/8

Robert Schumann
(1810 – 1856)

aus / from / de: R. Schumann, Album für die Jugend / Album for the Young / Album pour la jeunesse, Schott ED 9010

Fürchtenmachen

Bogeyman's Coming / Croquemitaine

op. 15/11

Robert Schumann
(1810 – 1856)

aus / from / de: R. Schumann, Kinderszenen / Scenes from Childhood / Scènes d'enfants, Schott ED 0755

Fröhlicher Landmann

The Merry Peasant / Le gai laboureur

op. 68/10

Robert Schumann
(1810 – 1856)

Frisch und munter ♩ = 100 – 112

aus / from / de: R. Schumann, Album für die Jugend / Album for the Young / Album pour la jeunesse, Schott ED 9010

Prélude
e-Moll / E minor / Mi mineur
op. 28/4

Frédéric Chopin
(1810 – 1849)

Prélude
h-Moll / B minor / Si mineur
op. 28/6

Frédéric Chopin
(1810 – 1849)

Regentropfen-Prélude

Raindrop Prelude / La goutte d'eau

Des-Dur / D♭ major / Ré♭ majeur

op. 28/15

Frédéric Chopin
(1810 – 1849)

Mazurka
a-Moll / A minor / La mineur

op. 7/2

Frédéric Chopin
(1810 – 1849)

aus / from / de: F. Chopin, 20 ausgewählte Mazurken / 20 selected Mazurkas, Schott ED 9022

D. C. al Fine

Mazurka

F-Dur / F major / Fa majeur

op. 68/3

Frédéric Chopin
(1810 – 1849)

aus / from / de: F. Chopin, 20 ausgewählte Mazurken / 20 selected Mazurkas, Schott ED 9022

Walzer a-Moll

Waltz A minor/ Valse La mineur
op. posth.

Frédéric Chopin
(1810 – 1849)

Mazurka

op. 39/10

Peter Iljitsch Tschaikowsky
(1840 – 1893)

Allegro moderato ♩ = 120

aus / from / de: P. I. Tschaikowsky, Kinderalbum / Children's Album / Album pour les enfants, Schott ED 8310

Süße Träumerei
Sweet Dreaming / Douce rêverie
op. 39/21

Peter Iljitsch Tschaikowsky
(1840 – 1893)

aus / from / de: P. I. Tschaikowsky, Kinderalbum / Children's Album / Album pour les enfants, Schott ED 8310

Chanson triste

op. 40/2

Peter Iljitsch Tschaikowsky
(1840 – 1893)

Allegro non troppo

la melodia con molto espressione

aus / from / de: 12 Stücke mittleren Schwierigkeitsgrades / 12 Pieces of medium difficulty, Schott ED 20095

Walzer

Waltz / Valse

op. 12/2

Edvard Grieg
(1843 – 1907)

aus / from / de: Lyrische Stücke / Lyric Pieces / Pièces lyriques, Schott ED 9011

Norwegisch
Norwegian Melody / Mélodie Norvégienne
op. 12/6

Edvard Grieg
(1843 – 1907)

Presto marcato ♩. = 76

aus / from / de: E. Grieg, Lyrische Stücke / Lyric Pieces / Pièces lyriques, Schott ED 9011

Le petit nègre

Cakewalk

Claude Debussy
(1862 – 1918)

Allegro giusto ♩ = 108 – 116

La fille aux cheveux de lin

The Girl with the Flaxen Hair / Das Mädchen mit den Flachshaaren

Très calme et doucement expressif

Claude Debussy
(1862 – 1918)

aus / from / de: C. Debussy, Préludes I, No. 8

Ein altes Gedicht

An Old Romance / Un vieille romance

op. 119/2

Alexander Gretchaninoff
(1864 – 1956)

aus / from / de: A. Gretchaninoff, Das Großvaterbuch / Grandfather's Book, Schott ED 1467

Gymnopédie
Nr. 1 / No. 1 / Nº 1

Erik Satie
(1866 – 1925)

aus / from / de: E. Satie, Klavierwerke, Band 1 / Piano Works, Vol. 1, Schott ED 9013
© 2012 Schott Music GmbH & Co. KG, Mainz

Schott Piano Classics

Klavier zweihändig
Piano solo
Piano à deux mains

Isaac Albéniz
Suite Espagnole, op. 47
ED 5068

España, op. 165
Deux danses espagnoles, op. 164
ED 9032

Johann Sebastian Bach
Berühmte Stücke
Famous Pieces · Pièces célèbres
ED 9001

Kleine Präludien
Little Preludes · Petits Préludes
ED 9003

Inventionen
BWV 772-786
Inventions
Inventions
ED 9002

Friedrich Burgmüller
25 leichte Etüden, op. 100
25 Easy Studies · 25 Etudes faciles
ED 173

12 brillante und melodische Etüden,
op. 105
12 Brilliant and Melodious Studies ·
12 Etudes brillantes et mélodiques
ED 174

18 Etüden, op. 109
18 Studies · 18 Etudes
ED 175

Frédéric Chopin
20 Ausgewählte Mazurken
20 Selected Mazurkas ·
20 Mazurkas choisies
ED 9022

Carl Czerny
6 leichte Sonatinen, op. 163
6 Easy Sonatinas · 6 Sonates faciles
ED 9035

160 achttaktige Übungen, op. 821
160 Eight-bar Exercises ·
160 Exercices à huit mesures
ED 8934

Claude Debussy
Berühmte Klavierstücke I
Famous Piano Pieces I · Pièces célèbres
pour piano I
ED 9034

Berühmte Klavierstücke II
Famous Piano Pieces II · Pièces célè-
bres pour piano II
ED 9037

Emotionen
Emotions
35 Originalwerke · 35 Original Pieces ·
35 Œuvres originales
ED 9045

Edvard Grieg
Lyrische Stücke, op. 12, 38, 43
Lyric Pieces · Morceaux lyriques
ED 9011

Peer Gynt
Suiten Nr. 1 und 2, op. 46 und 55
Suites No. 1 + 2
ED 9033

Joseph Haydn
10 leichte Sonaten
10 Easy Sonatas · 10 Sonates faciles
ED 9026

Impressionismus
Impressionism · Impressionisme
27 Klavierstücke rund um Debussy
27 Piano Pieces around Debussy ·
27 Morceaux pour piano autour
de Debussy
ED 9042

Scott Joplin
6 Famous Ragtimes
Mit der „Ragtime-Schule" von · with
the 'School of Ragtime' by · avec la
'Méthode du Ragtime' de Scott Joplin
ED 9014

Fritz Kreisler
Alt-Wiener Tanzweisen
Old Viennese Dance Tunes ·
Vieux airs de danse viennois
Liebesfreud – Liebesleid – Schön
Rosmarin
ED 9025

8 leichte Sonatinen
von Clementi bis Beethoven
8 Easy Sonatinas from Clementi
to Beethoven · 8 Sonatines faciles
de Clementi à Beethoven
mit · with · avec CD
ED 9040

Franz Liszt
Albumblätter und kleine
Klavierstücke
Album Leaves and Short Piano Pieces ·
Feuilles d'album et courtes pièces pour
piano
ED 9054

Felix Mendelssohn Bartholdy
Lieder ohne Worte
Songs Without Words ·
Chansons sans paroles
Auswahl für den Klavierunterricht ·
Selection for piano lessons ·
Sélection pour le cours de piano
ED 9012

Leopold Mozart
Notenbuch für Nannerl
Notebook for Nannerl ·
Cahier de musique pour Nannerl
ED 9006

Wolfgang Amadeus Mozart
Der junge Mozart
The Young Mozart · Le jeune Mozart
ED 9008

Eine kleine Nachtmusik
Little Night Music ·
Petite musique de nuit
ED 1630

6 Wiener Sonatinen
6 Viennese Sonatinas ·
6 Sonatines viennoises
ED 9021

Musik aus früher Zeit
Music of Ancient Times ·
Musique du temps ancien
ED 9005

Modest Moussorgsky
Bilder einer Ausstellung
Pictures at an Exhibition ·
Tableaux d'une exposition
ED 525

Nacht und Träume
Night and Dreams · Nuit et songes
36 Originalwerke für Klavier
36 Original Piano Pieces · 36 Morceaux
originaux pour piano
ED 9048

Piano Classics
Beliebte Stücke von Bach bis Satie
Favourite Pieces from Bach to Satie ·
Pièces celebre de Bach à Satie
mit Online-Material (Audio) · with
online material (audio) · avec du maté-
riel
en ligne (audio)
ED 9036D

Easy Piano Classics
30 leichte Stücke von Bach
bis Gretchaninoff
30 Easy Pieces from Bach to
Gretchaninoff · 30 Pièces faciles
de Bach à Gretchaninov
mit · with · avec CD
ED 9041-01

Programmmusik
Programme Music ·
Musique à programme
40 Originalwerke · 40 Original Pieces ·
40 Morceaux originaux
ED 9043

Reisebilder
Travel Pictures · Tableaux de voyage
37 Originalstücke · 37 Original Pieces ·
37 Morceaux originaux
ED 9044

Erik Satie
Klavierwerke I
Piano Works I · Œuvres pour piano I
ED 9013

Klavierwerke II
Piano Works II · Œuvres pour piano II
ED 9016

Klavierwerke III
Piano Works III · Œuvres pour piano III
ED 9028

Domenico Scarlatti
Berühmte Klavierstücke
Famous Piano Pieces ·
Compositions célèbres pour piano
ED 9038

Robert Schumann
Album für die Jugend, op. 68
Album for the Young ·
Album pour la jeunesse
ED 9010

Bedrich Smetana
Die Moldau
Vltava · La Moldau
ED 4345

Spielsachen
44 leichte Originalwerke · 44 Easy
Original Pieces · 44 Morceaux
originaux faciles
ED 9055

Georg Philipp Telemann
12 kleine Fantasien
12 Little Fantasias · 12 Petites Fantaisies
ED 2330

Leichte Fugen mit kleinen Stücken,
TWV 30: 21-26
Easy Fugues with little Pieces ·
Fugues légères et petits jeux
ED 9015

Tempo! Tempo!
40 Originalwerke · 40 Original Pieces ·
40 Morceaux originaux
ED 9049

Peter Tschaikowsky
Die Jahreszeiten, op. 37bis
The Seasons · Les Saisons
ED 20094

Nussknacker Suite, op. 71a
Nutcracker Suite ·
Suite Casse-Noisette
ED 2394

Wasser
25 Originalkompositionen · 25 Original
Pieces · 25 Morceaux
originaux
ED 22276

www.schott-music.com